야생의 시간을 사냥하다

리토피아
LITERATURE & UTOPIA

리토피아포에지 · 74
야생의 시간을 사냥하다

인쇄 2018. 6. 25 발행 2018. 6. 30
지은이 윤은한 펴낸이 정기옥
펴낸곳 리토피아
출판등록 2006. 6. 15. 제2006-12호
주소 402-814 인천 남구 경인로 77
전화 032-883-5356 전송032-891-5356
홈페이지 www.litopia21.com 전자우편 litopia@hanmail.net

ISBN-978-89-6412-096-5 03810

값 9,000원

이 도서의 국립중앙도서관 출판예정도서목록(CIP)은 서지정보유통지원시스템 홈페이지(http://seoji.nl.go.kr)와 국가자료공동목록시스템(http://www.nl.go.kr/kolisnet)에서 이용하실 수 있습니다.(CIP제어번호: CIP2018018726)

윤은한 시집

야생의 시간을 사냥하다

리토피아
LITERATURE & UTOPIA

시인의 말

긴 여정,

능선에서는
달도 쉬어간다.

이상과 현실
두 바퀴를 굴리면서
詩를 채찍질한다.

山을 품는다.

2018년 6월
윤은한

차례

제1부

제2부

제3부

제4부

| 제1부 |

푼크툼*

헤비메탈이 출렁이는 겨울 바닷가에서
보드카 한 잔 한 잔이 머릿속 음계에 치매를 그린다

최상의 오르가슴을 만났는데 절벽이 다가오고
청춘이라고 웃지만 가발 속 새치는 백야 속에 산다

잘 찍었다고 생각되는 사진은 아무 말이 없고
실수로 찍힌 사진은 작품성이 높다고 댓글이 달린다

밥 먹자고 문자를 보냈는데 하루살이는 은수저만 탐색하고
좋은 글을 낚아보려고 나가보지만 배부른 복어만 올라온다

가죽 장갑을 끼고 낫으로 아카시아 나무를 베었는데
갈색의 가시는 손바닥 안으로 깊숙이 들어온다

* 푼크툼punctum : 롤랑 바르트의 「카메라 루시다」. 타인에게는 아무렇지도 않은 사진 속에서 자신의 심장에 화살처럼 꽂히는 어떠한 점.

달의 여정

엷은 어둠이
달빛에 희석되어
화학반응을 하고 있다

은빛의 십자가는
바다로 내려앉는 녹슨 달을
그저 바라만 보고 있다

차의 핸들을 잡고
라디오를 틀어본다
그녀가 좋아했던 달이
몰락하고 있다고 전한다

물수리 한 마리가
다리 위로 포물선을 그린다
달빛을 먹은 숭어 한 마리가
하늘로 올라간다
〉

곤줄박이

은빛의 머리와 검은 눈

죽은 감나무 가지 위에서 기다린다

갈증

황사가 불어오는 날
물안경과 마스크를 쓰고
쿠부치 사막으로 몸을 실었다

사막의 바람은
모래 틈에서 숨을 고르며 황하계곡을 만든다
밤하늘 은하수에는 몽고반점이 반짝거린다

울타리로 사막의 침입자 막으며
모래 속에 버드나무를 심고 검은 흙으로 덮었다

낡은 가죽 신발 신은 아이가 두 손을 높이 흔든다
초롱초롱한 눈망울 속에 오아시스를 보았다

사막을 맛보고 돌아온 뒤로
물을 먹어도 먹어도 갈증은 풀리지 않는다

지난밤 쿠부치에 나타난 눈망울은 신기루인가

옻나무

뒤뜰에 새가 앉았다
검은 열매를 따 먹고 있다
얼굴은 하얗고
목선은 검어서 어두운데 누굴까

알고 앉았는지
모르고 따 먹는지
뱃속에 들어가면 어떻게 될지

바람 부는 봄날
새싹을 훔쳐 먹고
달빛과 입맞춤하였는데
온몸에서 붉은 잎들이 솟아올라
지금도 노을이다

내일은 어떤 색으로 나의 가지에 앉을까
검은색과 붉은색으로 스탕달의 혼은
거짓 사랑을 고백한다

카메라

야생의 시간을 사냥하러 떠난다
얼음을 자르듯 잘라서 냉동시켜 자루에 넣는다
겨울잠을 잘 때는 머리맡에서 추억을 꺼내어
얼은 달빛의 맛을 보면서 순수한 애인을 찾았다

간식이 많은지 자루는 먼지로 바래지고
먼지 위에 모래가 쌓이면 낙타가 태어난다
낙타는 사냥총을 메고
모래가 많은 아파트를 장화 신고 걸으면서
채취한 하얀 모래를 무지개로 염색을 한다
칼라로 박제된 모래도 먼지가 쌓일 것이다

눈빛은 크롭인지 틈이 비좁다
셔터로 필름에 어둠을 지워보지만
세상 헛도는 소리만 들리고
칼라로 진화하며 뇌가 커지고 있다

집이 좁아서 매일 구토를 하면서

아픈 노동을 삭제하고 있다
일출을 잡으러 잠들고 있는 그물을 깨운다

돼지

달이 어둠을 데려간 새벽녘
귓전의 울음소리는 단잠을 깨운다
태어날 때 자른 꼬리로 촉은 죽었지만
검은 주둥이를 세차게 흔들며
흙탕물 뒤집어쓰면서도 미소는 죽지 않고

하루 종일 똥오줌을 치우면서
감정 없는 냄새는 온몸으로 스며든다
목욕을 하고 가더라도 이발소 아저씨는
저팔계의 몸짓으로 귀를 씰룩거리며 웃는다

진통이 오고 붉은 이슬이 흘러도
세상으로 나오지 못하는 새끼들
나의 몸이 자궁 속으로 들어간다
그곳에서 고향을 보았다

구름 속 나른한 오후
이끼 낀 터널로 함께 들어간다

어둠 속에 숨긴 깨어진 인형과 검은 탯줄
아픔을 핥으며 숨겨둔 것을 먹어치운다
흙과 윤회의 장난을 치면서
돼지들을 순장한다

큐브

1.
하나의 눈빛
점점 작아지는 존재
몸이 말을 듣지 않는다
가출하고 싶다

2.
지평선만 보이고
비상飛上이 존재하지 않는 곳
새의 발톱만 보이다가 날개 치는 소리에 사라진다
아픔 속에 산다

3.
머리에서 발끝까지
비상飛上이 존재하는 곳
기러기 날아다니며 유토피아를 그린다
갈등이 자란다
〉

4.

공간에서 공간으로
만나도 충돌이 없는 곳
전설 같은 이야기가 돌아온다
허무 속에 묻힌다

귀향

이슬이 내려앉은 아침

검은 오선지에 올라
곡예사의 눈물을 그려본다

풍금 소리에
목소리는 귀에 걸리고
하얀 향기 코끝을 여민다

상처 입은 가을바람은
은빛 물결로 몸부림친다

바람에 멍든 심장은
어머니 자궁 속으로
깊숙이 파묻히고 싶다

낙엽

봄부터 가을까지
푸른 지붕에 사글세 살면서
행복했다

노란 저고리
붉은 치마 벗어주고
빈 가슴으로 내려왔다

님 발자국 소리에
입술은 마르고
얕은 바람에도 가슴은
파도의 뗏목처럼 흔들거렸다

겨울을 노래하면
깊게 스며들겠지만
불꽃에 재가 될 수 없어
입술을 다문 채 봄을 기다린다

벽

악양루 걷다가
잔물결 달빛 속에
누님의 얼굴을 보았다

새싹의 꿈은
아버지가 백정이라서
칼에 묻힌 피 냄새로 쓰러졌다

외딴섬 간호사로
삼킨 고독 쌓이고 쌓여서
매일 새벽 아픔을 각혈한다

바위에 부딪힌 목소리는
죽은 메아리가 되어
붉은 화석으로 녹슬어간다

돌멩이를 던져본다
일렁이며 달빛 속으로 스며든다

오징어

귀가 찢어질듯 추운 날
쭈글쭈글하고 붉은 얼굴
허리는 굽어서 펴지 못하고
파도에 멍든 다리는 저려온다

언제 허리 쭉 펴고
뜨끈하게 보낸 날이 있는지

먹물 같은 자존심 지키며
그리움에 집어등 바라보다가
눈동자는 백내장처럼 희뿌옇다

인내심이 짧은 꼴뚜기는
낚시꾼이 던져놓은
비단 같은 유혹에 넘어간다

거친 파도에 멍든 몸과
얼음처럼 딱딱한 고집을
봄눈 녹듯 풀어서 사용하고 싶다

가을장마

그리운 눈망울이
철장 속에서 아우성치다가
마른 가슴으로 쓰러진다

늦게 잉태한 씨앗은
잎사귀도 피어보지 못한 채
몸에서 검은 달이 되었다

소나무 숲길을 걷는데
붉은 낙엽들이 바람에 떨어진다

서산에 무지개 우는 소리
불면증 거친 얼굴이 촉촉해진다

가슴 젖도록 울고 있다
그리운 눈망울이

적송

흰개미 지나간 흔적에 밀랍 같은 상처가 솟는다
사당 안쪽에 굴곡진 뿌리로 살아온 기둥이 쓰러졌다
푸른 옷으로 염을 하고 위패를 하나 세웠다

수몰된 시간

할머니가 심은 못생긴 감나무와
반질반질한 마당은 눈물에 잠겼다
붕어와 메기는 낮은 언덕에서
가끔 물결로 소식을 전한다
문패는 낡아서 보이지 않고
보낸 편지는 우체부의 손을 벗어났다

마지막 밤을 보내고 오면서
마을 어귀에 누워있는 은행나무를 가져왔다
원석의 이야기 숨긴 채 탁자로 바뀐 몸은
거실에 자리를 잡는다
창가의 햇빛은 그림자 걷어내며 주위를 맴돌고
푸른 감잎차로 아침햇살을 찻잔 속으로 받아들인다

눈빛은 깜깜한 터널 속으로 빠져든다
찻잔이 탁자 위로 떨어지며
파편들이 손가락 마디마디 박히고
선혈이 작은 물방울처럼 탁자 위에서 튕기며

나이테 속으로 스며든다

나이테가 꿈틀거리고 진동을 시작한다
메기는 동쪽과 서쪽으로 안테나를 흔들고
붕어가 용왕을 맞이하러 촉을 세운다

나의 몸은 동물원이다

손등에는 두더지
발등에는 고슴도치
무릎에는 송아지
뱃속에는 멧돼지가 살고 있다

이마에는 산양
눈 속에는 노루
어깻죽지에는 도도새
등짝에는 호랑이가 살고 있다

입안에는 촉새
콧속에는 하마
귓속에는 귀뚜라미
머릿속에는 암탉이 살고 있다

블루 마네킹

낙엽이 뒹구는 날
은행나무에 올라가서
세상을 털다가 미끄러졌다

조각된 얼굴을 어루만졌다
텅 빈 몸 속 숨죽인 바람이
거친 세상으로 부풀어 오른다

강바닥에서 헐떡거린다
퇴적된 레코드에서
죽은 자의 노래가 흘러나온다

입술 마른

늦가을 밤비가 내린다
콘크리트 바닥 위로
떨어진 은행잎들이
먼지 앉은 가을을 씻어내린다

각도가 비뚤어진 사랑니
뽑힐 시간이 초침으로 다가오고
손가락에 기생하는 사마귀
무얼 뜯어 먹으려고 꿈틀거리는데
양말을 뚫고 나오는 피 묻은 발톱에서
귀퉁이가 떨어져 나간 초승달을 보았다

밤하늘에 달라붙는 속삭임에
착하다고 입술을 주었다
온몸이 메말라 가면서
뼈 속의 생각을 불러냈다

지워지지 않아서

찰나의 생각도 없이 끊어낸다
뿌리에서는 장미의 눈물이 고이며
또 다른 상처가 휘감는다

육신은 밤비를 맞으면서
메마른 결백을 입술에 적셔본다

가출

머리칼이 쭈뼛하게 서는
차가운 잠결에 목이 이탈했다
서러움에 일어난 불면증은
산마루의 달빛 따라 걸어간다

부풀은 연정으로
꽃놀이패를 잡았는데
저고리의 동정은 가짜였다

첫 만남 얼어서 부서지고
푸르게 재생되는 핏줄
마네킹에 혼이 스며들고 있다

길을 잃은 불면증
멈출 수 없는 무릎 통증
고향으로 가속 페달을 밟는다

네비게이션에서는

과속방지턱입니다
과속방지턱입니다

할미꽃

빈 들판에 살얼음 녹으면서
봄바람이 살랑살랑
마을 어귀에는
계절을 잊은 꽃들이 피어난다

제비집은 지푸라기만 맴돌고
늘어진 주름 사이로
고개 숙인 회한을 흘러보낸다

황혼의 껍질이 탈피를 한다
얼굴에는 보톡스
손톱에는 네일아트
머리는 나이아가라 폭포가 흐른다

청보리 익어가는 들판에
밭고랑이 줄을 서면
호미 들고 벌 떼처럼 일터로 나간다
〉

철새들이 찾아와서
쪼그라진 가슴에 이름표 달아주고
소식 없던 핏줄이 왔다 가면
줄줄이 사탕을 빨면서 울음을 엮는다

짝사랑

귀뚜라미 우는 밤
창문을 열어둔 채 잠이 들었다
몸은 뒤척였지만
마당에 우박이 떨어져
밤새 푸른 멍이 들도록 몰랐다

지게를 짊어진 나무꾼은
계수나무 잎으로 솜사탕 만들어
문틈으로 달콤함을 배달하는데

멍든 그리움은
문턱에서 넘어지고
건너지 못한 편지는
강둑에서 들국화로 피어난다

아침 햇살이 당신을 지우겠지만
초승달이 떠오르면
떨리는 가슴으로 영접할 것이다

| 제2부 |

소리에 대하여

세상의 잡음 오래되어 귀가 녹슬어간다
공명도 낡았는지 먼지만 쌓여서
약한 입김에도 흩어져 붉게 떨어진다

귀를 쫑긋 세워보지만
굳어진 목젖은 점점 죽어간다
무성영화는 변사 없이 필름만 돌아간다

보청기를 꽂는다
죽었던 공명이 진동을 시작하고
귓바퀴를 시끄럽게 돌면서 왕왕거린다

죽었던 청춘들이 되돌아와서
혼탁한 소리로 온몸을 어지럽게 흔든다

할머니는
보청기를 신문지 위에 내려놓는다

감자

집안의 씨감자로 남기 위해
마른 흙으로 치장하고
어두운 다락방에서
신문지 이불 삼아 동면冬眠한다

겨울이 떠나갈 시간에
아버지는 감자를 고르신다
왼손으로는
썩어 버려지는 탕자를
오른손으로는
대들보 씨감자를 잡는다

아버지의 고함소리
어머니의 굽은 허리
무딘 손과 호미자루
감자를 주렁주렁 키웠다

봄이 시작되는 날

어머니 산으로 가신 후
눈이 멀어
씨감자를 구별하지 못한다

올봄 밭고랑은
검은 비닐만 춤추겠다

봄이 오는 소리

얼어있던 소리 깨어나고
산고 속에 태어난 자식처럼
어머니 품속으로 스며든다

님 걸어간 눈 속
노란 복수초 웃는 얼굴
매화 붉은 입술로
마당에 와 닿은 봄에게
입맞춤 한다

배고픈 다람쥐 뒷산으로 오르고
동박새 긴 겨울과 노닐다가
붉은 눈물 남기고 비상한다

귀가 들리지 않아
청진기로 님의 가슴 짚어보니
은사시나무 물오르는 소리 들린다

등나무

어머니는 빨랫줄에 허기진 자식 사랑을 널었다
무거운 허기는 빨래가 바닥에 닿도록 늘어졌다
밤새 내린 이슬로 굽은 등은 펼 수 없었다
잘 마른 옷을 구부러진 손으로 개어놓은
어머니의 기도는 거기까지였다

연보라 청춘이 떨어진 날
어머니는 빳빳한 수의를 받쳐 입어도
쪼그라져 검게 탄 얼굴과 굽은 등은 펴지지 않았다

한때는 포도송이처럼, 넘치도록 꽃 피운 적 있는
어머니의 얼굴 찾아드리고 싶다
꼿꼿한 허리로 덩실덩실 춤출 수 있게
등 굽은 생을 곱게 펴서 입관을 한다

어머니의 산소 옆에는
어린 등나무가 자라고 있었다

꽃들의 전쟁

닭풀이 여명을 깨운다

씀바귀는 꿀벌과 한가롭게 그네를 탄다
애기똥풀은 아기들의 기저귀 속으로 숨는다

수선화와 목련이 성곽을 쌓으면서
패랭이는 담벼락에 다섯 갈래의 철조망을 친다

박쥐란과 여우꼬리풀은 연합군을 만들어
주인 없는 텃밭에 울타리를 만들고 그물을 친다
영산홍과 철쭉은 적군인지 아군인지 알 수 없어
글라디올러스는 얼굴이 붉으락푸르락한다

민들레는 바람을 타고 사방 적진으로 향하고
화려한 양귀비와 아네모네는
날아다니는 붉은매발톱을 찾아 나선다

등나무 가스총에 조팝과 이팝은 쓰러지고

그믐밤
작약과 모란은 달맞이꽃을 숨죽여 기다린다

붉은 다알리아는 죽어가는 꽃술에 수혈하고
전사한 육신들은 순백의 옥잠화로 염殮을 한다

시계꽃이 휴전을 알리면서 꽃술이 문을 닫는다

난민

잔잔한 물길에 배를 띄웠다

하루하루 쌓여가는 암흑
불씨를 찾으려 온몸을 실었다

속 깊은 분노를 알지 못한 채
나침반 눈금으로 바다를 저었다

하늘은 뜨거워서
손가락 마디마디 타들어가고
얼굴에서 검은 눈물이 쏟아진다

희망을 잉태하였으나
파도에 휩쓸린 채 표류했다

표류한 지구에서
붉은 게를 쫓아가지만
다리를 부러뜨리고 바위틈으로 숨는다

폭우

광란의 번갯불에
비바람이 몰아친다
찢어진 버드나무 아래
누런 강물이 출렁인다

배고픈 강물 속에
돼지가 떠내려가고
냉장고가 떠내려가고
부러진 소나무가 떠내려간다

비바람 치는 골목길
넘어진 가로등 속에
전깃불은 길을 잃었다

어둠 속에 축축해진 성냥갑
아궁이 속으로 들어간다

밤비

축축한 몸이 가출을 시작한다
콘크리트 다리 위로 발바닥이 걸어간다

바바리코트와 안경테로 흘러내리고
머리에 손을 얹고 숨은 달을 찾아 나선다

빗물은 검은 그림자를 씻어내며
새벽을 배달하고 땅속으로 스며든다

신문지로 도배한 벽지는 비가 쏟아지면
방바닥으로 쓰러져 고독의 몸살을 앓는다

지붕에서 쏟아지는 비애는
검은 구두에 가득 차서 흘러넘친다

동거부부가 금발의 나신을 걸어두고
로망스 선율에 긴 포옹으로 눈을 감는다

〉

녹슨 곤로에서 라면이 끓고 있다
비가 그친 가시나무숲으로 걸어간다

소

누렁소와 포옹하는 날
아버지의 품속 세빗대 같은 칼날에
양동이에 생명을 쏟아내고 눈을 감는다

쟁기질할 때 우직하던 몸
되새김질 멈춘 뒤로는 아버지 몸처럼 닮아갔다
저울은 눈금으로 말한다

두레박 흘린 물에 눈물 감추고
막걸리 한 사발로 슬픔을 숨긴다

자갈 섞인 밭으로 나가면 누렁소가 된다
외양간에 걸린 멍에를 얹고
쟁기질로 옥수수 고랑을 만든다

어머니는 투박한 유리상자 속에
마블링한 등심을 진열하고
화장한 미소로 손저울에 고기를 올린다

인공위성

가벼운 몸으로 날다가
오리 새끼들이 움직이면
낮은 궤도로 주위를 빙빙 돈다

파란 가방이 유치원으로
노란 가방이 학교로
트럭이 장터로 가는지 추적한다

하늘로 띄우기 위해
숙려 기간에 구름을 뚫었다
남겨진 청구서는 바람이 들춘다

집을 비우는 날이면
색종이로 온종일 날개를 접는다
구둣발 울림과 노랫소리에
안테나는 휘청거리며 녹슬어간다

밤하늘 별똥처럼 갈 곳이 없어 떨어진다
고물상이 손수레를 끌고 간다

치매

무더운 여름이 아니더라도
가슴은 답답하고 뜨거워서
방문을 열어놓고 지낸다

강아지 짓는 소리나
구둣발 소리만 들려도
떫은 감씹은 듯
텁텁한 욕지거리를 날린다

손님이 집으로 들어오면
귀여운 여우로 변신한다
밤새 역적모의를 시작하고
다음날 가족들은 죄인이 된다

방바닥으로 지네가 기어 다닌다고
망치를 찾으러 집 안팎을 헤집는다
벽을 내리친다 자꾸 내리친다
찢어지고 검은 피가 흘러내린다

〉

해가 산 중턱을 넘어가면
긴 그림자 집으로 들어오는 시간
흰 고무신을 신고 화장실을 간다

문턱에서 돌아갈 길을 못 찾아
우두커니 서서 울고 있다
허기진 몸은 움직이지 못하고
바지는 오줌으로 적신다

죄인은 여름에도 방문을 닫고
귀만 열어 놓는다

허상

오래된 구리광산
곡괭이는 쉴 틈이 없고
먼지 속의 눈빛은 붉어진다

검붉은 철광석에
욕망의 손을 담아
금싸라기를 주워 담았다

몇 해의 계절이 떠나갔다
기다림이 길어지면서
몸속으로 멍에가 똬리를 튼다

돌이 많아서
담석증이 붙어 다니지만
타는 가슴을 맥주에 적시면
병원 가기가 싫어진다

로또를 샀다
꿈틀거리며 금맥이 자란다

경매시장

왼쪽 팔 일천 만원
오른쪽 팔 이천 만원

왼쪽 무릎 삼천 만원
오른쪽 무릎 사천 만원

어두운 귀 일백 만원
구부러진 허리 이백 만원

핏줄과 저승사자의
치열한 눈치작전이 시작된다

세찬 바람과 파도에 삭은 것은 유찰
노동에 구부러진 허리는 쇠말뚝 박고 낙찰
어두운 귀는 보청기보다 값이 낮아 유찰

지문 없는 손가락은 계산기만 두드린다

독감

온몸이 아프다
눈물도 아프다
가눌 수 없어 혼돈스럽다

비틀거리면서
머릿속은 검은 돌이 쌓여간다
목은 퉁퉁 부어서 좁아진 물길
머리카락이 뽑힐 듯 쭈삣쭈삣 선다

멍한 귀울림
찢어지는 목덜미로 울리는 북소리
허리와 등짝은
가시가 찌르듯 스며드는 통증에
삼십칠 도를 훨씬 넘은 몸통은
불가마의 뜨거운 미로 속으로 빠져든다

방바닥으로 쓰러진 옆구리는
이그러진 고통으로 멍이 들고

눈썹 뿌리마다 화상의 열기로 찌른다
관절과 혈관들이 욱신욱신 춤을 춘다

바람은 뚫지 못하고 콧등으로 샌다
기침이 계속되어 이글거리다가
적산의 충격으로 가슴벽이 갈라진다

고통스러워도 숨소리가 떨어져도
일어서서 숲속으로 걸어가자
아픔의 눈물을 흘리자

콩의 경계선

경화 장날 콩을 사서 물을 준다
피부에 닿자 미끄러지듯 흘러내리고
죽어가는 젖가슴 숨소리는 들리지 않는다

관심 자르고 콩 한 입 머금는다
검은 머리 억겁의 껍질 탈피하니
콩나물 머리 어두운 세상으로 얼굴 내민다

빛을 억압한 얇은 차도르 걷는 순간
꽃봉오리 비늘조각 떨어지고
노란 얼굴은 경극의 가면처럼 파래진다
초록의 콩나물 꽃이 피기 시작한다

폭염暴炎

저수지 잉어 마당은
여러 갈래로 물길이 드러난다

햇무리 파동으로
눈동자 사라지고 비틀거리는 다리
얼굴 없는 육각 모자는
땀방울이 흘러도 벗지 못한다

까치는 참나무 가지에 앉아
나뭇잎을 흔들어 목을 적시며
더위 먹은 직박구리
새색시 머리 감듯 옹달샘에 온몸 담근다

목을 치켜든 푸른 물뱀들이
개울 속으로 뛰어든다
아이들은 자리를 빼앗기고
맨발로 엄마 품으로 날아간다

시인의 마을

통증을 밀어내는 시간
바람이 잠자는 눈썹을 세운다
흰 고무신은 대나무 숲을 걸으면서
푸른 절개를 마디마디 새겨 넣는다

개구쟁이들의 음모는
귓전에 알 수 없는 언어로 와 닿고
담배연기 꽈배기처럼 피어오르는데
밀주가 세상을 취하게 한다

늙은 숲에 뻐꾸기가 졸고
밤꽃이 노처녀의 봄을 유혹한다
딱따구리는 우듬지 끝에서
입술을 다문 채로 세상을 두드린다

노을이 식어가는 어스럼한 밤
초가지붕 속에 숨죽인 박쥐들이
마당 위를 빙빙 돌면서 한바탕 놀다가

주인의 발자국 소리에 쏜살같이 사라진다

기둥에 매달린 희미한 호롱불은
장터에 간 아버지를 기다린다
풀여치 노랫소리 고독의 방안을 채운다

다락방

오동나무 창문에 반쯤 열린 커튼 사이로 은빛이 쏟아진다. 통나무의 옹이들이 솟아오르면서 깨어진 화분과 닮아가고, 무화과 붉은 침대 속에 거꾸로 숨은 꽃들을 세상으로 불러낸다.

전축이 낡아가면서 레코드 소리길은 먼지로 쌓이고, 늙은 아버지가 어깨춤을 추면서 듣던 뽕짝은 유물로 변해간다. 기름때 묻은 주파수 얼굴은 낡아서 숫자는 지워지고 손가락의 둔탁한 감각으로 살아간다. 소리길 종점에 도착하면 연어가 고향을 찾듯이 땅속으로 되돌아간다.

통기타는 탈선한 기차처럼 제자리를 벗어나 방 귀퉁이에 처박힌 체 비스듬히 누워있다. 곡선이 죽어가는 울림통은 뿌연 먼지가 쌓여가면서 곡예사의 첫사랑은 죽은 시 오래되었는데 거미가 줄타기 곡예를 한다. 지워진 지문에 딱딱한 생을 덮고 로망스의 선율은 육체와 감정 사이를 방황하며 녹슨 기타줄 사이에서 원망 가득한 멜로디를 흘려보낸다.

〉

더워서 켜둔 선풍기는 천둥 번개에 나무가 찢어지듯 비명을 질러댄다. 앉은뱅이 선풍기는 부러진 날개로 뜨거운 바람을 얼굴에 쏟아낸다. 열쇠를 꽂아 두었지만 녹이 슬어간다. 봄에는 수선화처럼 단장을 하고 여름에는 이팝나무의 하얀 꽃들이 바람결에 춤추고 가을 삼나무 숲의 바람이 노래하면서 겨울은 애인의 일기장을 들춘다.

가시 · 1

산등성이 걸려있는 구름이
어둠과 섞이는 시간
노랗게 익은 탱자를 따려고
미로 속으로 손가락을 넣었다
요리조리 비틀면서 손 안에 한 움큼 담아
빠져나오려고 뒷걸음질 쳤지만
뒤엉킨 가시들이 손등 깊숙이 들어온다
온몸으로 전이되면서
붉은 꽃으로 피어서 울어댄다
빠져나올 수 없는 시간 속에
움켜쥔 욕망을 놓지 못한다

회색의 작업복으로 집을 지었다
짐을 나르던 등짝은 파업 중에
콘크리트 벽속의 가시에 질려
굽은 허리를 일으켜도 빠지질 않는다
바람이 불면
아물어가는 상처에 검은 별들이 박히고

통증은 화살처럼 날아와서 심장 속으로 꽂힌다
빠져나갈 수 없는 허공의 바람 속
손에 쥔 세상의 미련을 놓지 못한다

가시 · 2

묵은 텃밭
핫바지 사이
도깨비들이 즐비하다

땅을 헤집는데
검은색 촉수
지문 속으로 들어왔다

통증은 핏줄을 타고
온몸으로 타전

손마디를 묶어서
어둠을 찔렀다

통증이 피어난다

| 제3부 |

주홍글씨

허기가 창자를 짓누르고
마을회관에서 쌀을 나누어 준다는
스피커 파열음이 귀속으로 맴돈다

밀가루 한 포대 지게에 올려놓고
찢어진 눈초리가 무서워
노란 닥종이에 붉은 손도장을 찍었다

솜털 구름이 흘러가는 산길
남쪽으로 향한 길 잃은 총부리는
담보된 생명을 훑어갔다

쓰러진 자리는 무덤이 되고
세월이 흘러도 원망은 씩지를 않는다
저녁 밥상을 차렸지만
할아버지는 수제비를 드시지 않는다

난쟁이가 바라본다

비스듬히 누운 향나무 숲 아래
하얀 구절초에 빛내림이 눈부시다

비자나무에 별빛 같은 빗방울
뾰족한 상념들 초록의 물을 마신다

거위벌레는 도토리를 떨어트리고
바구미가 열매 속에서 썩은 음모를 꾸민다

달팽이는 끈적끈적한 사랑으로
큰 바위를 품고 세상을 낮게 걸어간다

천수답天水畓

천둥 벼락이 숨은 버드나무 아래
늘어진 목은 기린을 닮아간다

웅덩이 사이로
삽과 괭이가 물싸움을 한다

미꾸라지와 가재는
퇴색한 화석으로 말라간다

거북등처럼 쩍쩍 갈라진 논바닥에
막걸리 한 말을 부었다

온몸이 술에 취하여 비틀거리다가
논둑에서 깊은 잠이 들었다

흙비가 버드나무를 흔들고
개구리가 논에서 노래를 부른다

까마귀

늪 속에 박혀있는
비밀의 눈초리 뽑으려
발걸음 옮기는데
검푸른 동공은 보이지 않는다

전깃줄에 곡예 중인 발톱에
새들의 언어를 찾아보지만
감전된 눈물은 읽을 수가 없다

길 위에 버려진 이삭들
부러진 다리 쩔룩거리며
굿판에 죽음을 저당잡힌 채
가래질로 쓸어 담는다

전봇대를 향한 매혹의 눈빛
등 뒤에 숨은 총구에서는
매캐한 냄새가 코끝을 찌른다

가면은 떨어져 나가고
기와지붕 사이로
동공들이 쏟아진다

문턱

하얀 자갈밭이 눈부시다
잃어버린 본전 생각에
매표소 없는 계곡으로 들어섰다

안갯속 개울을 건너다가
살얼음판에 빠진 발목
동상이 올 것 같아 계속 걸었다

길을 걷는데 심한 목마름으로
쌓여 있는 눈으로 갈증을 달랬다
정상이 가까울수록 칼바람이 내리친다
숨이 가쁘고 잠이 쏟아진다

비단길이 열리면서
형언할 수 없는 포근함에 안긴다
하얀 침대에 몸은 녹아내리고
한없이 깊은 곳으로 빠져들어간다

〉

추억이 필름이 지나가듯 스친다
그녀가 손짓을 한다
통증은 사라지고 영원한 꿈속이다

등짝을 묵직하게 짓누르며
통증이 깊게 박힌다
차가운 바람 어깻죽지로 들어와서
온몸을 휘감는다

저승사자가 떠난 뒤에 눈을 떴다

추석

삭정이 타는 연기 속을 지나
자전거 타고 철로변 시장을 갔다
두부 한 모와 막걸리 사려고
고무신은 야시장 구석구석을 누볐다

대폿집에서 고향 친구를 만나
어묵과 빈대떡 안주로 거나하게 취했다
해는 서산으로 끼역끼역 넘어가고
몸은 비틀거리며 동네 어귀로 들어선다

두부는 자전거 종소리에 춤추다가
둥글게 둥글게 보름달로 변신을 한다
은비녀 꽂은 어머니의 미소가
달빛에 환하게 웃으며 마중 나오신다

십자가와 옥수수

봄에 십자화과 채소를 심으려고
서투른 운전으로 흙을 나르다가
부딪혀서 무릎을 다쳤다.
삼베 조각을 상처에 붙이고
하얀 실로 열십자 모양으로 묶었다.

은빛 십자가 무늬들이 자라고 있다.

가을길을 걸으면서
수확하고 남은 옥수수대를 잡았는데
손바닥에 뜨거운 선혈이 느껴진다.

옥수수 문양이 화석으로 자라고 있다.

아버지

노을이 익어가는 시간
산소가 즐비한 퇴색된 잔디밭
가지런히 피어있는
맥문동 이파리 아래
똬리를 틀고 숨죽인 꽃뱀을 보았다

능선을 타고 넘어온 초승달
희미하게 뫼등을 밝힌다
하고 싶은 이야기 잊은 채
침묵이 차가운 공간을 채운다

어디서 뱀을 보았을까
꿈에서 보았는지 산에서 보았는지
숙취가 지나간 새벽에 기억이 사라졌다
어디서 거짓말을 해야 할까

맥문동을 흔드는 검은 바람
굽이치게 불어올 때

뱀은 똬리를 풀고 돌 틈으로 들어간다

서리가 내리면
땅꾼들이 들이닥칠 것이다

붉나무

장마가 지나간 냇가에서
부르튼 손으로 자갈을 모았다
한 리어카에 보리쌀 한 되
두 리어카에 빨간 가방

흰색 카라에 검은 교복
학교 문이 아롱거려
땀방울은 염전으로 흐른다

어둠이 내려앉은 마당에
박쥐가 하늘을 영접한다
사랑방에 인기척이 들리고
가슴은 콩닥콩닥 귀는 커진다

아버지는 빨간 가방과 함께
갈라진 염전 사이로 떠났다
기약 없는 오랜 기다림
마당이 빨갛게 물들고 있다

33번과 34번 사이

그녀의 얼굴이 눈 속으로 들어왔다
탁자 위 어색한 손가락이 성냥 쌓기를 한다

한 겹 두 겹 벗겨도 고독이 엄습해 온다
깊은 포옹이 늪으로 빠져 읽을 수가 없다

붉은 립스틱에 중독되어 무영탑을 쌓았다
무너져 내리고 또 무너져 내린다

강물이 흘러 가슴속으로 넘쳐왔다
양말 한 켤레로 찢어진 발바닥을 깁었다

꽃샘추위에 수정을 하였는지 풋 열매가 떨어진다
늦게 떨어진 낙엽은 곤충들이 문상을 오지 않는다

뜯지 않은 성냥갑 속 붉은 화약이 축축해진다
문패를 주문하고 차가운 골방에 군불을 지펴야겠다

여명黎明

닭의 목을 지그시 눌러
끓는 물에 담그는데
파드닥 뛰쳐나와
마당을 넘어 들판을 달린다

철조망과 그물이
허들처럼 다가와도
눈을 감고 날아오른다

발가벗은 몸은
완장의 눈초리를 벗어난다

주인의 쉰 목소리
어둠에 박히면서
닭살의 소름이 세상을 씹는다

쇠죽가마

바짝 마른
대나무 빗자루로
뒤뜰에 떨어진
솔가리를 쓸어 담는다

쇠죽 끓이는
아궁이로 들어가
때를 잊은 채
은은한 속불로 타오른다

아궁이에 앉아
담배연기 한 모금
콜록콜록 눈이 따갑다

부지깽이로
과거를 태우는데
매캐함이 코끝을 찌른다

조각

바람에 쓰러진 옹이
갈라진 틈으로 붓을 꽂았다

한쪽 눈을 그렸다
사시로 두 눈이 탄생한다

오른쪽 귀를 그렸다
금붕어가 태어났다
왼쪽 귀를 그렸다
호랑나비가 날아간다

코와 입술을 그렸다
마지막 눈을 그렸다

돛단배가 노를 젓는다
인생이 너울거린다

징조徵兆

검은 열매들이
주렁주렁 열린다

노랗게 물드는 손바닥
옆구리의 통증은
마파람에 깊어진다

뱃속의 허기는
욕정으로 솟아올라
검붉은 노을로 출렁거린다

물길이 끊어진
달팽이의 길바닥은
딱딱한 먼지로 쌓인다

로드킬을 향하여
두꺼비들이 움직인다

미스 코리아

1.
텔레비전에 회색 수영복을 입은
처녀들이 뫼비우스 길을 걸어간다
어항 속의 금붕어처럼 눈이 커졌다

영화관 있는 지하 다방에서
색색으로 빛나는 무지개 얼굴
찰랑거리는 생머리를 만났다

날개를 접고 누에처럼 실을 뽑아
뒷산 언덕에 무지개 옷을 입혔다
탈피한 팔색조를 바라볼 수가 없었다

2.
봄기운이 꿈틀거리는 아침
산길에서 수줍은 얼굴을 보았다
솔잎 향기와 은하수 달빛이었다

〉

하늘의 별을 따준다는 약속
보름달처럼 언약을 하였건만
허풍에 그믐밤으로 드리운다

어귀에 들어서면 할머니들은
우리 마을 최고 미스 코리아
호동왕자 노래로 자랑을 하신다

죽방렴竹防簾

세상을 날아다니며
탁한 술과 새우깡을 즐기던
갈매기 다섯 마리

빠른 물살이 흐르는
어미 섬과 새끼섬 사이
날개를 펼친 채로 앉았다

파도에 펄떡이는 멸치 떼
역린도 꺾지 못하는 탱탱한 고집

밀물이 음모를 꾸미고
썰물이 밀당을 시작한다
대나무 말뚝 위에 생명을 걸어놓고
파닥거리는 은빛 떼를 바라본다

혼탁한 식탁 위에
맑은 술 한 사발과
싱싱한 멸치를 올려본다

투명인간

호미가 고구마를 심는다
도리깨가 보리타작을 한다
괭이가 누런 흙을 캔다

대청 아래 하얀 산토끼
검은 고무신은 장터에 갔을까
강둑에서 하염없이 기다린다

얼굴을 때리는 북풍
아픈 머리 방바닥에 눕혔다
물 먹은 수건이 이마에 닿는다

주름이 깊어지면서
늙은 바람이 자주 스친다

첫경험

지난 밤 숫돌과 마주하였으나
칼은 갈리지 않고 고집만 두꺼워졌다

낭송장 가는 발걸음은 잔다르크
마이크 잡은 목소리는 돈키호테

단두대 사형수와 같은 심장소리는
다가서지 못한 채 몽정으로 젖는다

뻣뻣한 목소리는 핑계의 칼을 간다

창호지 문 속의 추억

부엌방에 쪼그리고 앉아
문틈 사이로 마당을 바라본다

어머니는 추수하러
낫 들고 논으로 나가실 때
아버지는 선글라스에
선거운동 하러 나가신다

새들이 마당에서 놀 때
청마루에서 놀던 동생은
마른 닭똥을 먹고 졸고 있다

느티나무 아래 벽보에는
코가 큰 미남들이 걸려있다

리어카에 콩깍지를 싣고
달빛 따라 추억을 엮어간다

부활

노란 병아리 목울대에서 하얀 계란으로 다가오는 겨울 아버지 몰래 닭장 안으로 살금살금 들어가서 몸을 낮추어 짚 덤불에 손을 집어넣었다. 울음으로 토해낸 따끈따끈한 까칠한 달덩이 가슴에 품고 철망문으로 빠져나오는데 그만 닭이 횟을 세우고 목청을 높인다. 아차 들켰나! 지겟작대기 들고 고함소리와 함께 맨발로 날아오신다. 논두렁에 미끄러지고 돌부리에 넘어져 엉덩이 주홍글씨 새기며 검은 고무신은 앞산 팽나무만 바라보며 무작정 뛰었다. 깨어진 껍질에 흰자위와 노른자 손 안에서 범벅이 되고, 품었던 가슴은 구멍 뚫린 허공이다. 비릿한 날 해는 뉘엿뉘엿 넘어간다. 뱃가죽은 등짝으로 밀려가고 눈물방울은 석양 속에 커져간다. 목이 두꺼워져 병원에 갔는데 목울대에 하얀 계란이 자란다고 의사는 말한다. 눈이 소복이 내리던 새벽녘 닭장 문을 열었다. 하얀 닭들은 일어나지 않는다. 검은 교복 입은 계란이 눈 내린 신작로를 걸어간다.

| 제4부 |

뜨거운 하루

신발 없는 발걸음
이슬이 온몸을 적신다
창가에 아침 햇살
노란 입술이 타들어간다

검붉게 익은 산초열매
맵싸한 맛으로 입안 가득해지고
봉숭아 꽃물 들이며
소식 없는 누님을 불러본다

해거름에 분꽃이 피면
어머니는 쌀과 고구마를 씻으신다
참기름 한 방울에 김치 한 조각
양푼이는 고소한 맛으로 춤을 춘다

열대야로 지친 불면의 밤
보름달이 얼굴을 쓰다듬는다

칡넝쿨

돌 많은 밭고랑에
비틀어져 있다가
장마가 엄습하면 소리 없이
굴곡진 마디마디에 뿌리를 내린다

염소를 풀어놓으면
검은 그림자가 어슬렁
어두워서 백열전구를 달면
뜨거워서 잠을 잘 수가 없다
어머니는 물조루로 비 오듯 물을 준다

담벼락에 농약을 뿌렸는데
약에 취하여 눈을 뜨지 못한다
감나무와 대추나무에 엉키면서
아내의 어깨에 붉은 꽃이 핀다

멈춘 사랑

솜털 구름 뚝방 코스모스 한가롭다
비행기는 포물선을 그린다

추수 끝난 논바닥에 모닥불 피워
첫사랑이 움트길 기원했다

겨울비 흙마당을 적시면
롱펠로의 시를 품고 은하수를 거닐었다

문학을 좋아하여
영문과에 다니면서 문학책이 가득했다

어두운 하늘에 무거운 구름
돌부리에 넘어진 자전거 페달은 멈추었다

그네 타는 아이는 손을 흔든다
돌아서는데 오른쪽 다리를 절룩거린다

그리움

가을비가 내리면
뼛속 마디마디
가시가 박힌 듯이 아프다

불면증 골방에서
시인을 불러내어
시집을 낭송하고
말도 안 되는 시를 쓴다

게으른 겨울비를
기다리며 눈물샘을 덮는다

시계꽃

회색 벽돌에 누런 신문지로 도배된 골방은 시간이 멈춰 선지 오래되었다. 창문이 없어 언제 햇빛을 보았는지 흐릿하다. 적막으로 누워있는 몸이 시위를 한다. 방안은 먼지가 날리겠지만 망치를 빌려와서 막힌 창문을 뚫었다. 층층이 쌓인 먹구름은 환기통으로 빠져나가고 눈부신 먼지들이 춤을 춘다. 녹슨 시계는 넝쿨을 타고 지붕 위로 올라간다. 초침이 100바퀴 돌면 분침은 5바퀴 시침은 3바퀴를 돌면서 혼돈의 하루하루가 돌아간다. 브레이크가 고장 난 골방의 탐욕이 바벨탑을 쌓고 있다.

오래된 신발

주머니 가벼워
세일하는 날 처음 만났다
한 계절은 너무 밝아서
어두운 구름으로 채웠다

장미꽃이 피면
외로움은 가시로 솟아나서
나막신에서는 빗물이 출렁인다

세상이 구두 뒤축처럼 닳아서
헐렁해진 인생의 발바닥을 밀어낸다
먼지는 쌓이고 구두약은 굳어간다

앞축은 벙어리로 살다가
오랜 침묵으로 삭아버렸다
깔창은 말하지 않았으나
신발 끈은 길게 기억하고 있다
세상을 밟으면서
뒤축에서 새로운 움이 꿈틀거린다

마음 들킴

새벽 찬바람이
목젖을 누른다
차장 밖 뿌연 서릿발
지난밤 미숙을 숨긴다

백야 다방 커피향에
하고 싶은 말을 못했다
검은 우산을 잊은 채
떨리는 입술만 찍고 왔다

산길에 생강나무
노란 꽃봉오리 터지면서
봄의 창문을 활짝 열어본다

박태기나무

오작교 아래 강바람
노란 치마 나풀나풀
하늘이 따뜻하여 눈을 떴다

붉은색 외투에 스카프
꽃반지 낀 당신의 귀에
사랑을 꽂고 거닐고 싶다

비발디 선율에 춤춘다
음표는 물속에 잠기고
박자는 꽃향기에 흐트러진다

붉은 콩들이 도돌이표를 찍는다
피지 못한 꽃봉오리들
강변 바위틈에 눈물을 심는다

씨앗

뒷산에는 소나무가 자라고 있다
금강소나무
리기다소나무
버지니아소나무

지난겨울 할아버지는 마지막 성묘를 하셨다
불길이 씨앗으로 타올랐다
검게 타버린 몸
잔설이 남은 봄날에 얼굴을 씻는다
새싹이 잉태한다

불길 속에 껍질을 태워야 잉태함을
할아버지 얼굴에서 읽는다

앞산 연꽃은 천 년이 지나도 싹이 트지 않는다

아내의 노고단

빈 그릇이 울어도
마당의 뒤주는 말이 없다
졸참나무 굴밤은
가을이 와도 껍질만 떨어진다

통통한 다리는
나뭇가지처럼 가늘어
뼈마디 마디에 아픔이 고인다
가슴속에 고독을 키운
노고단 고사목처럼 닮아간다

찬바람이 불어오면
아픈데 없소 물어 본다
얇은 미소로
손가락만 만지작거린다

당신의 생일 소설小雪이 되면
하얀 눈으로 아픔을 덮어 주리다

누님

강아지풀이 자라는 은하수 갯가에
발걸음 노을에 감추시고 별과 함께 오신다

마을 어귀에서 나의 이름을 부르면
부끄러워 고개를 숙이지만
기쁨으로 충만하여 두 귀를 쫑긋 세운다

손을 잡으면 애틋함으로 미끄러진다
헤어진 자리에 심었던 어린 나무는
북향으로 꽃을 피우고 번뇌의 잎들이 자란다

색 바란 버스를 타고 가는 빈 가슴에
한 아름 꽃을 따서 안겨드리면 좋아하셨다
손을 흔들며 돌아오는 발걸음은 하늘로 향한다

지친 발걸음 버드나무 그늘 아래 앉으면
하얀 손을 내미시던 그 눈길
언제쯤 오시는지 문틈의 바람에게 물어본다

잃어버린 꽃

낙엽에 살얼음 실은
칼바람 부는 길을 나선다
노란 빵 모자에
담배 물고 철길에 오르면
예스 예스 예스
목을 앞뒤로만 흔든다

입김과 담배연기 섞이면서
하얀 꽃들이 떨어진다 아~ 아~
낙엽을 밀고 가는 바람을
어젯밤 꿈속에서도 보았다

포를 쏘다가 불발탄이 터졌다
구멍이 커서 하얀 천으로 덮었는데
바람이 가슴속으로 아리게 지나간다

떠나지 못한 검은장미는
겨울바람에 마른 추억을 입고 있다

〉

흙바람 부는 철길 위에서
아픈 목을 하늘에서 땅으로만 흔든다
예스 예스 예스

오늘도 기찻길 앞에서
철모 실은 녹슨 자전거를 기다린다

가을 서정

샛노란 은행잎은 청춘들이 어지럽게 놀다 간 자리를 도배한다. 참새들이 떠나간 곳간은 붉은 껍질들이 쌓이면서 추운 밤의 통증은 오지 않을 것이다. 숲속에서 부른 노래는 앵무새의 메아리가 되고 대나무 침대에서 낮잠을 즐기다가 근심을 잃었다. 그루터기에 앉으면 잘려 나간 가슴에 눈물이 맺힌다. 소슬바람 타고 귀뚜라미 울 때 병원으로 갔는데 붉은 편지가 오기 전에 만나야 한다. 꽃이 진 병풍 속에 노란 사리가 익어간다.

겨울 단상

유리잔에 떨리는 손가락
흔들리는 중심에 고독을 심어
검은 감로수를 마신다

겨울에 핀 꽃술을 찾다가
떠나지 못한 꿀벌이
배춧잎 품속으로 들어왔다

붉은 가재가 알을 품는 계곡
삶의 아픔을 죄다 가져와
통곡하듯 골바람이 불어온다

우시장牛市場

새벽길
은빛 버드나무 흔들리는
능선에 앉은 달이 웃는다

국밥 한 그릇에 배고픔을 채우고
반주 한 잔에 흥정을 준비한다

허리춤에 전대 두르고
중개인과 눈치싸움
소 주인의 마음을 읽는다

송아지 한 마리 오십 만원
희망을 끌고 집으로 왔다
일 년 동안 풀을 베고
짚과 콩깍지 삶아서 키웠다

농사꾸릴 농자금이 없어
정들은 소와 시장에 들어섰다

홍정 유찰 홍정 유찰
오십 만원에 팔렸다

하얀 고무신은
소똥을 밟고 세상을 읽는다

채석장

검은 비밀이 먼지 속에 덮여
펠릿처럼 잘려나가는 은밀한 조각들

바람의 유혹에
금맥을 품고 쓰러진 석공
죽은 자들은 흰 십자가로 누워있다

파란 물이 솟구치는
정수리에서
의심의 눈초리 쉼 없이 자란다

점멸하는 붉은 신호등에서
검은 동굴이 코드를 생성한다

쇄석기碎石機에서 동전이 쏟아진다

나의 보리밭

아침 햇살에 꽃비가 날린다
민들레가 낮은 얼굴로 반긴다

보리밭을 매다가 세월에 지쳐
호미도 버려둔 채 잠이 들었다

토끼풀 시계에 하얀 꽃이 지고
뻐꾸기 노랫소리에 눈을 떴다

씀바귀 한 망태 어깨에 메고
송아지 부르면서 발길을 옮긴다

해는 서산으로 기울어지고
까칠한 보리도 누렇게 익어간다

상고대

편지를 쓰다가 펜은 쓰러지고
불면증이 번져서 새벽 발길을 나섰다

가는 길에 휘파람새 울어대고
물안개는 땅에 닿기도 전에
칼날 같은 정조를 간직한 채
소나무 가지에 꽃으로 피어난다

나의 새끼들은
안개 속에서 지조를 지키느라
휘어지지 못하여 부러져서
하늘로 뿌리를 드러낸 채
검은 낙엽 위에 누워있다

둥근 바위 틈 사이로
구름이 넘어오지만 너무 멀다
산맥은 목젖이 갈라져서
소리 없는 통곡이 흐른다

고집은 터널 속으로
블랙홀처럼 빨려 들어간다

소나무 사이로 올라오는
아침햇살에서 해탈을 보았다

버드나무

태풍으로 늙은 아버지들이 바람의 시간 따라 줄지어 쓰러졌다. 길 위에 모든 걸음과 바퀴가 멈췄다. 푸른 신호등과 붉은 신호등은 물에 잠기고, 노란 불빛들이 아우성이다. 욕지거리 날아가고 모든 전화기는 통화중. 교통 위반 스티커와 포승줄과 수갑이 필요 없는 시간이다. 욕하지 말라, 여태껏 희망이었고 위로의 그늘이었다.

시가 쓰여지지 않는다

시집을 펼치면
구절구절
파도가 출렁거린다

퇴색된 눈망울
오래된 돋보기를 쓰면
멀미를 시작한다

머릿속은 달빛 사막
가는 바람에도
사방으로 흩어진다

고기 잡는 그물처럼
촘촘히 엮어서 던져보지만
영혼 없는 것들만 걸려든다

|해설|

이상과 현실 사이의 詩길

—윤은한 시세계

최광임 | 시인 · 두원공과대 겸임교수

누군가의 시집을 읽는 일은 한 편의 좋은 시를 읽고 감동하는 일과는 다르다. 시집 속에는 최소 몇 년간의 삶이 집약되어 있거나 폭넓게는 한 생의 의식이 응축되어 있다. 물론 필생에 걸쳐 불후의 명작 한 편을 쓸 수 있다면 시인에게는 더없는 가치이겠으나, 그것과는 별개로 시집을 읽는 일은 의미로든 느낌으로든 시 한 편의 감동과 삶의 무게를 비교해서는 안 된다. 각기 다른 방법론으로 만나야 하는 탓이다. 시인이 쌓아둔 문장 속에서 사랑의 상처를 찾아내고 치유하는 방법을 엿보기도 하고 설렘과 그리움과 슬픔과 절망을 감지하고 독자는 감동을 공유한다. 그렇게 한 시인과 만나고 그 시인을 알게 되고 시를 기억하게 된다. 윤은한 시인과

도 그렇게 만난다.

윤은한의 시들은 '사물 안에 살고 있는 언어 캐기'로 읽을 수 있다. 이때 언어들은 윤은한의 기억과 조우하여 삶의 한 부분으로 재생되거나 정서와 조우하여 사물 속에 갇혀있는 현재를 다양한 모습으로 생성하기도 한다. 이는 "문학을 좋아하여/영문과에 다니면서 문학책이 가득했다"(「멈춘 사랑」)에서부터 "청춘이라고 웃지만 가발 속 새치는 백야 속에 산다"(「푼크툼」)까지 삶의 여정을 가늠할 수 있겠기에 가능하다. 즉, 삶의 카테고리를 이루고 있는 사물들에 대한 관찰과 사유의 반복이 윤은한의 시가 되고 있다는 말이다. 그러므로 윤은한에게 시적 대상이란 구체적이고 개별적인 물질세계의 존재들이 재구성되는 것이다. 사유의 형상화이고 사물의 사유화인 셈이다.

1. 사물 안의 세상

윤은한 시의 특징을 들라면 우선 목차만으로도 쉽게 찾을 수 있다. 시의 제목들이 대부분 명사로 된 낱말들이다. 유형무형의 사물 이름을 따라가다 보면 그 안에 펼쳐진 새로운 생들을 만나게 된다. 마치 이상한 나라의 앨리스를 읽듯 한 편 한 편에서 시인만의 감각으로 생성시킨 공간에 이르러 스토리를 만난다.

황사가 불어오는 날
물안경과 마스크를 쓰고
쿠부치 사막으로 몸을 실었다

사막의 바람은
모래 틈에서 숨을 고르며 황하계곡을 만든다
밤하늘 은하수에는 몽고반점이 반짝거린다

울타리로 사막의 침입자 막으며
모래 속에 버드나무를 심고 검은 흙으로 덮었다

낡은 가죽 신발 신은 아이가 두 손을 높이 흔든다
초롱초롱한 눈망울 속에 오아시스를 보았다

사막을 맛보고 돌아온 뒤로
물을 먹어도 먹어도 갈증은 풀리지 않는다

지난밤 쿠부치에 나타난 눈망울은 신기루인가

—「갈증」 전문

'갈증'이 데려다준 공간은 중국 네이멍구자치구의 오르도스고원 북부에 있는 쿠부치 사막이다. 쿠부치 사막은 바람에 따라 61%의 모래가 이동하는 유동사구라고 한다. 하루에도 많은 언덕이 만들어지고 사라지고를 반복한다. 따라서 삶의 유형이 일정하지 않으며 안정적이지 않다. 그 상황들로부터 안전하달 수 있는 "울타리로 사막의 침입자를 막"아가면서 유지해야 하는 삶이다. 몇 시간 후면 그 울타리가 흔적도 없이 사라지고 말기도 하지만 사막 부근에 사람들이 모여 마을을 이루고 나무를 심으며 살아간다. "모래 속에 버드나무를 심고 검은 흙으로 덮"기를 반복하면서 말이다.

그렇지만 사람이 사는 곳이면 어디든 아름답다. 그곳이 설령 불모지라 해도 사람이 살고 있으므로, 거기 사람의 애환이 있고 기쁨이 있고 내일이라는 희망이 있고 아이들이 있기 때문이다. 시인이 본 것은 바로 그 지점이다. "낡은 가죽 신발 신은 아이가 두 손을 높이 흔"들 때 그 아이의 눈에서 '오아시스'를 본다. "초롱초롱한 눈망울 속에서" 시인은 사막의 생명수를 본 것이다. 나아가 시인의 상상력은 "지난밤 쿠부치에 나타난 눈망울"에서 갈증을 해소하는 데까지 확장한다. 그러나 시인은 지난밤의 시간이 유발하는 갈증 때문에 불편하다. 척박하고 버거운 사막에서 살아갈 수밖에 없는 아이들의 적나라한 삶에 동화된 때문이다.

"먼지 위에 모래가 쌓이면 낙타가 태어난다/낙타는 사냥총을 메고/모래가 많은 아파트를 장화 신고 걸으면서/채취한 하얀 모래를 무지개로 염색을 한다"(「카메라」)는 시 '카메라'도 그 안에서 화자의 삶이 생성되고 있음을 보여준다. 카메라를 의인화 한 표현이지만 사실은 시인의 겨울나기인 셈이다. 카메라를 원근으로 내세운 배경에는 시인이 있고 출사를 나가지 못하는 겨울 동안 필름들을 정리하는 과정이 생성되고 있는 것이다.

「옻나무」는 검은 열매를 따먹은 새가 벌겋게 옻이 오르는 현상을 스탕달 신드롬과 대비시킨 작품이다. 옻나무의 열매는 붉다. 검은 열매를 따먹고 붉게 옻이 올랐다는 것은 거짓이라는 말이다. 스탕달 신드롬은 감수성 예민한 사람들이 뛰어난 예술작품을 보았을 때 그 감흥으로 인하여 정신을 잃거나 심지어 정신이상까지 되는 현상을 말한다. 그러니 스탕달의 영혼을 빌린 고백이지만 사실은 거짓 사랑인 것이다. 옻나무가 생성해 낸 진실인 셈이다.

할머니가 심은 못생긴 감나무와
반질반질한 마당은 눈물에 잠겼다
붕어와 메기는 낮은 언덕에서
가끔 물결로 소식을 전한다
문패는 낡아서 보이지 않고
보낸 편지는 우체부의 손을 벗어났다

마지막 밤을 보내고 오면서
마을 어귀에 누워있는 은행나무를 가져왔다
원석의 이야기 숨긴 채 탁자로 바뀐 몸은
거실에 자리를 잡는다
창가의 햇빛은 그림자 걷어내며 주위를 맴돌고

푸른 감잎차로 아침햇살을 찻잔 속으로 받아들인다

눈빛은 깜깜한 터널 속으로 빠져든다
찻잔이 탁자 위로 떨어지며
파편들이 손가락 마디마디 박히고
선혈이 작은 물방울처럼 탁자 위에서 튕기며
나이테 속으로 스며든다

나이테가 꿈틀거리고 진동을 시작한다
메기는 동쪽과 서쪽으로 안테나를 흔들고
붕어가 용왕을 맞이하러 촉을 세운다

—「수몰된 시간」 부분

은행나무는 윤은한이 지니고 있는 개별 세계의 사유를 구체화하는 매개물이다. 과거와 현재의 시간을 잇고 사유의 구체화를 통하여 사물에 생명을 불어넣는다. 은행나무가 존재하는 곳은 '시간' 속이다. '수몰된' 곳을 원적으로 지닌 은행나무가 현재의 시간을 끌고 수몰지구로 가는 상황이다. 수몰 지구에 사는 메기, 붕어가 은행나무의 출현을 감지하고 비상연락을 하느라 분주하다. 시인은 그 지점까지만 그린다. 우리는 수몰 지구에 일대 변화가 일게 될 것임을 감지할 수 있지만, 은행나무가 전혀 다른 공간이 된 곳으로 돌아감으로써 생기게 될 일들을 추정하는 것은 무의미할지 모른다. 시인이 의도한 바는 과거로의 회귀가 아니다. 사물화

된 은행나무에게 화자의 피로 생명을 부활시킴으로써 시간을 되찾고자 한 의도로 읽어야 할 것이다. '수몰지구'가 아니라 '수몰된 시간'이라는 점에 유의할 필요가 있다. 시간을 당시 그 시점으로 되돌리는 과정을 통해서 사물 안의 세상이 깨어나거나 또 다른 세상을 열게 되는 것이다.

2. 사물 속의 부조리한 시간

헤비메탈이 출렁이는 겨울 바닷가에서
보드카 한 잔 한 잔이 머릿속 음계에 치매를 그린다

최상의 오르가슴을 만났는데 절벽이 다가오고
청춘이라고 웃지만 가발 속 새치는 백야 속에 산다

잘 찍었다고 생각되는 사진은 아무 말이 없고
실수로 찍힌 사진은 작품성이 높다고 댓글이 달린다

밥 먹자고 문자를 보냈는데 하루살이는 은수저만 탐색하고
좋은 글을 낚아보려고 나가보지만 배부른 복어만 올라온다

가죽 장갑을 끼고 낫으로 아카시아 나무를 베었는데
갈색의 가시는 손바닥 안으로 깊숙이 들어온다

—「푼크툼」 부분

시인은 사물 속의 삶만 생성시키는 것은 아니다. 카메라를 통해 세상의 다층적인 면을 드러낸다. 디지털 시대가 양산한 정보의 홍수와 다양성은 우리의 일반적이고 보편적인 정서를 넘어 개인의 감정을 자극하고 그것들을 중시하는 요소들에 집중한다. 그것은 "최상의 오르가슴을 만났는데 절벽이 다가오"라는 것처럼 필연적으로 양면성을 지니게 된다. 밥 먹자고 보내는 문자 하나에 은수저 금수저를 '탐색' 하는 날선 사회를 가감 없이 들춘다.

좀 더 다가가 보자면 시인은 이러한 사회 현상에 대하여 피로감을 느끼고 있는지도 모르겠다. 롤랑 바르트가 이미지의 홍수에 대해 신경질적인 반응을 하듯 윤은한 시인 또한 보편적 인식이 뭉개진 사회, 기준도 모호한 개인의 인식을 우선으로 하고 수용해야 하는 사회에 대하여 피로하게 인식하고 있음을 감지하게 된다.

추정해보자면 윤은한 시에 차용되고 있는 '검은색'의 색채를 들 수 있다. 윤은한의 시에 몇 개의 색이 언급된다. '하얀색', '검붉은색', '검은색'이 주를 이룬다. 그중 '검은색'에 대한 언급은 그의 의식의 표출로 보아도 무방하겠다. 우선 그의 시에 나타난 색의 이미지가 시에서 어떻게 작용하고 있는가를 살피기보다 '검은색'의 상징성을 보기로 하자.

'검정색'은 세계 창조 이전인 원초의 암흑, 존재하지 않음, 죽음, 부조리한 시간, 검은 마리아, 두려움, 불안, 악과 더

은밀한 관계, 지하세계 등등 수없이 많은 부정적 이미지를 담보하고 있다.

그러나 자본주의 시장 사회화의 확대와 함께 검은색은 부와 권력, 고급스러움의 상징으로 부각되었다. 신비롭고 넘치는 카리스마, 격조와 품위를 상징하기에 이른 것이다. 또 동양철학적인 관점에서 본다면 검은색은 북방의 물을 상징한다. 계절로는 겨울을 상징하게 되며, 겨울은 시간의 순환을 준비하는 곳으로 휴식을 상징한다. 동시에 물은 생명의 근원을 상징한다. 그러므로 검은색은 죽음을 상징하는 부정적 인식의 결과물이며 동시에 생성의 상징이 된다.

다음은 윤은한의 시들에 나타난 검은색이다. “잎사귀도 피어보지 못한 채/몸에서 검은 달이 되었다”(「가을장마」), “손가락 마디마디 타들어가고/얼굴에서 검은 눈물이 쏟아진다”(「난민」), “곤줄박이/은빛의 머리와 검은 눈/죽은 감나무 가지 위에서 기다린다”(「달의 여정」), “빗물은 검은 그림자를 씻어내며/새벽을 배달하고 땅속으로 스며든다”(「밤비」), “맥문동을 흔드는 검은 바람/굽이치게 불어올 때”(「아버지」) 등으로 형상화되고 있다. 현대적 인식의 부나 명예 등을 상징하는 것도 아니며, 생성이라기보다 이미 죽음에 이른 상태이거나, 죽음으로 가는 과정이 의미화 되었다.

소위 아날로그 세대는 개인보다 공동체 의식이 우선하며 사랑, 평화, 모성 등과 같은 일반적이고 보편적인 정서를 문화적, 사회적, 관습적으로 체득했다. 그러나 디지털 매체 사회화가 되면서 진짜와 가짜의 구분이 모호해지고 옳고 그름의 분별이 쉽지 않은 사회가 되었다. 철저하게 편집력에 좌우되는 사회이다. 그러므로 다양성의 혼종이란 것이 아날로그 세대에겐 피로할 수밖에 없다. 당연히 시인에게 검은색이란 부조리한 시간, 불안, 암투, 은밀함이며, 다음 어떤 생성을 위한 겨울의 휴지기로 작용하고 있다는 추측이 가능해진다.

> 세상을 날아다니며/탁한 술과 새우깡을 즐기던/갈매기 다섯 마리//빠른 물살이 흐르는/어미 섬과 새끼섬 사이/날개를 펼친 채로 앉았다//파도에 펄떡이는 멸치 떼/역린도 꺾지 못하는 탱탱한 고집//밀물이 음모를 꾸미고/썰물이 밀당을 시작한다/대나무 말뚝 위에 생명을 걸어놓고/파닥거리는 은빛 떼를 바라본다//혼탁한 식탁 위에/맑은 술 한 사발과/싱싱한 멸치를 올려본다
>
> —「죽방렴」 부분

'음모', '밀당', '혼탁'이란 부정적 낱말이 '죽방렴' 시의 주제를 받치고 있다. 검은 모략들이 멸치를 잡아 올렸고 마침내 인간의 '혼탁한 식탁'에까지 올린 것이다. 시인은 생명의 부조리함을 느낀다. 그러나 엄밀히 말하여 이를 부조리하다고 규정지을 수만은 없는 시대라는 것을 시인 또한 안다. 그 모순을 견디기 위한 방법으로써 "맑은 술 한 사발"을 들이킬 수밖에 없다. 그러므로 이 시대의 피로감이라는 것

은 개인의 사상이나 가치관과 무관하게 유발된 상태인 것으로써 인식해야 마땅하다. 윤은한은 그 지점을 콕 짚어내고 있는 것이다. 사진 기술에서 언급되는 '푼크툼'을 주제로 한 시 '푼크툼'에서도 충분하고도 명쾌하게 언급하고 있다.

3. 사물화 된 꿈

한 시인의 시집을 읽는다는 것은 내가 미처 경험하지 못한 또 다른 세상을 만나게 되는 것과 같다. 어떠한 방식으로든 그를 이루고 있는 삶의 단편들과 사유의 편린들을 만나게 된다. 이때 시공간을 뛰어넘어 세상과 불화하는 한 시인의 삶의 방식이 드러나게 된다는 점이다. 세계는 개인을 강제하고 억압하는 구조일 수밖에 없으며 개인은 그 부조리한 것들로부터 벗어나고자 하는 행위 자체를 삶이라고 명명한다. 삶은 그러한 마찰을 통해서 사회적 규범을 준수하게 되고 안정적이고 공익적인 사회 구성원으로 자리 잡아가는 것이다. 그 과정에서 시인은 세계관이 형성되고 우리는 사회에 순응하게 된다. 그러나 일반적으로 자신의 꿈보다 나를 둘러싸고 있는 불가역적 여건에 맞춘 삶을 우선하지 않을 수 없다.

솜털 구름 뚝방 코스모스 한가롭다/비행기는 포물선을 그린다//추수 끝난 논바닥에 모닥불 피워/첫사랑이 움트길 기원했다//겨울비 흙마당을 적시면/롱펠로의 시를 품고 은하수를 거닐었다//문학을 좋아하여/영문과에 다니면서 문학책이 가득했다//

어두운 하늘에 무거운 구름/돌부리에 넘어진 자전거 페달은 멈추었다//그네 타는 아이는 손을 흔든다/돌아서는데 오른쪽 다리를 쩔룩거린다

—「멈춘 사랑」 전문

윤은한도 시인이 되기까지 먼 길을 돌아 지금에 이르렀으나 젊은 생의 한때는 시인이 되는 꿈을 중도 포기한 것으로 읽힌다. "문학을 좋아하여/영문과에 다니면서 문학책이 가득했다"라고 말하는 것으로 보아 그는 이미 청년시절부터 시인을 꿈꾸었을 것으로 본다. 예나 지금이나 이 사회에서 시인으로 살아간다는 것은 자발적 가난이나 사회적 소외를 자처하지 않으면 안 되는 일이다. 구체적 정황이야 알 수 없으나 윤은한 또한 자신이 꿈꾸던 삶과 현실 사이에서 선택해야 했을 상황이 시로부터 멀어진 삶을 살게 된 계기가 되었을 수 있다.

그렇기에 그는 롱펠로우의 시를 즐겨 읽을 수밖에 없었을지 모른다. "슬픈 어조로 내게 말하지 말라/인생은 한낱 헛된 꿈이라고", "예술은 길고 인생은 한순간의 것"(헨리 워즈워스 롱펠로우, 「인생찬가」)이라는 시를 읽으며 위안 삼았을 것이다. 하버드 대학교수가 되기까지 숱한 역경과 고난을 겪으면서도 인간의 미적인 경험과 정서를 강조하는 롱펠로우의 낭만주의 시는 젊은 윤은한에게 희망을 주기에 충분했을 것이기 때문이다.

가을비가 내리면/뼛속 마디마디/가시가 박힌 듯이 아프다//불면증 골방에서/시인을 불러내어/시집을 낭송하고/말도 안 되는 시를 쓴다//게으른 겨울비를/기다리며 눈물샘을 덮는다

—「그리움」 전문

물론 등단이 늦었다 하여 그간 시를 쓰지 않았다고 말할 수는 없다. 그럼에도 우리나라의 문학 현장은 독특하게도 등단이라는 절차가 있으므로 인해 창작 시기를 등단과 함께 간주한다. 그러한 문화 풍조 속에서 윤은한 시인 또한 공모 계절이 다가올 때마다 "가시가 박힌 듯이 아"픈 시앓이를 겪었을 수 있다. "말도 안 되는 시를" 쓰고 "기다리며 눈물샘을 덮"을 만큼 시앓이 하며 젊은 시절을 건너왔다는 암시이다. "멍든 그리움은/문턱에서 넘어지고/건너지 못하는 편지는/강둑에서 들국화로 피어"(「짝사랑」) 야인으로 머무를 수밖에 없었지만 그는 시에 대한 짝사랑을 그만두지 않았다. 우리는 윤은한의 시를 통해 개인의 삶이 얼마나 지난한 과정을 거쳐야만 비로소 현실과 이상 사이의 간극을 좁힐 수 있는가를 보는 셈이다.

이제 그 간극이 '달의 여정'에서 메꿔진다. "바다로 내려앉는 녹슨 달… 달빛을 먹은 숭어 한 마리가/하늘로 올라"가고 "곤줄박이/은빛의 머리와 검은 눈/죽은 감나무 가지 위에서 기다"(「달의 여정」)리는 것이다. 숭어와 곤줄박이가 허

공에서 만나게 된다는 것은 바다와 하늘의 합일로 확장 해석해도 무방하다. 달의 여정이 다시금 시작되는 지점과 일치하는 것인데 거기 윤은한의 시가 탄생한다.

> 바람에 쓰러진 옹이/갈라진 틈으로 붓을 꽂았다//한쪽 눈을 그렸다/사시로 두 눈이 탄생한다//오른쪽 귀를 그렸다/금붕어가 태어났다/왼쪽 귀를 그렸다/호랑나비가 날아간다//코와 입술을 그렸다/마지막 눈을 그렸다//돛단배가 노를 젓는다
>
> —「조각」 전문

비로소 윤은한은 '조각'에 이르러 완연한 시의 얼굴을 갖게 되었다. "돛단배가 노를 젓는"상태에 이르렀으며 제 격을 갖춘 "인생이 너울거"리게 되었다. 축하할 일이다. 비로소 온전히 시길을 가고 있는 것이니 말이다. 아울러 '달의 여정'이 첫 시집인 만큼 윤은한 시인은 젊다. 그리움의 시간을 견디고 짝사랑의 시간을 지나 원석을 잘 세공하여 조각을 완성하였으니 쉼 없는 매진을 독려한다.